8°O³
490

AF245355

DES COLONIES

ET DE

L'AFRIQUE CENTRALE

PAR

J.-T. GOFFIN

CH. DELAGRAVE

ÉDITEUR DE LA REVUE DE GÉOGRAPHIE

15, RUE SOUFFLOT, 15

1879

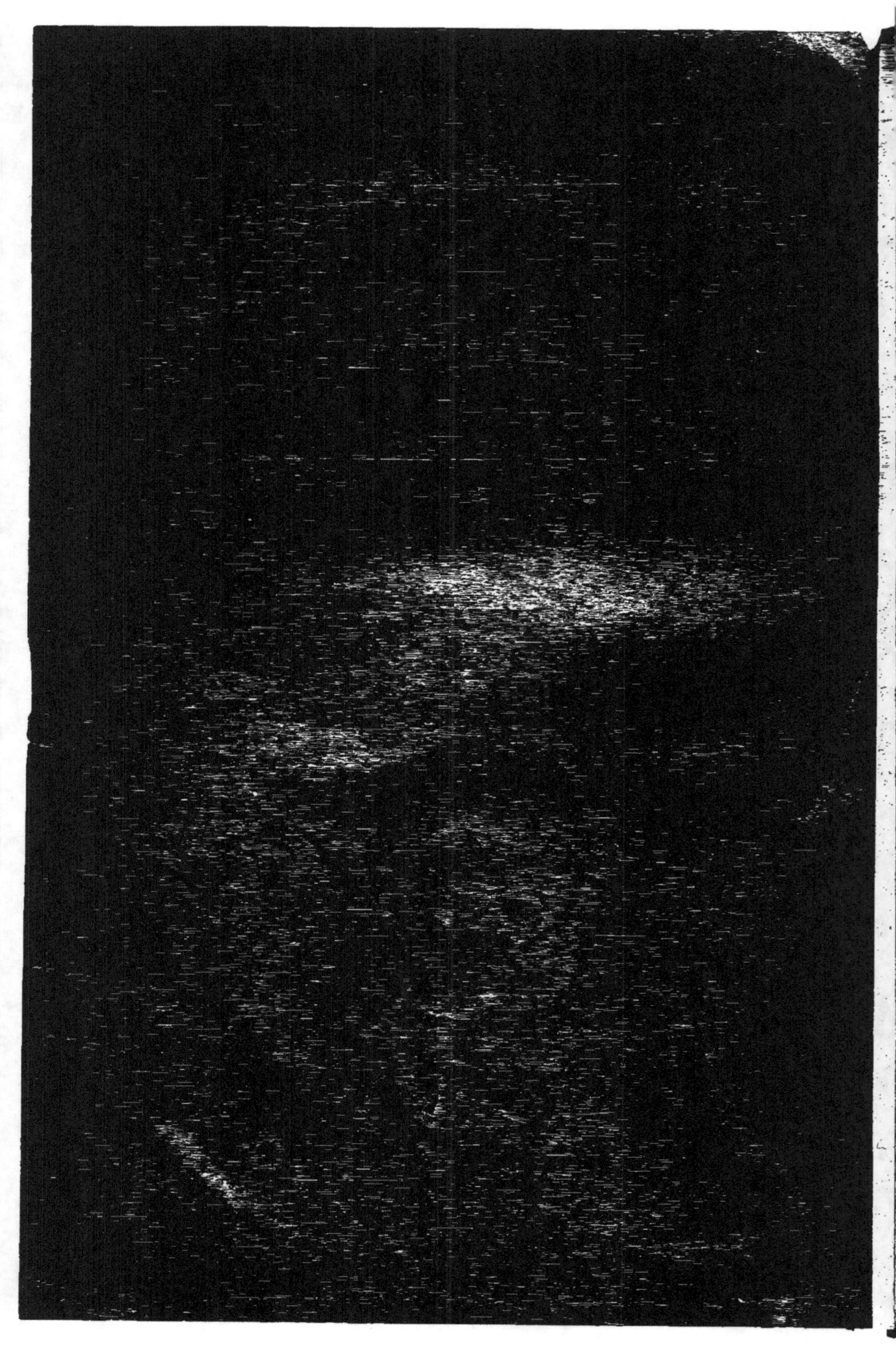

DES COLONIES

ET DE

L'AFRIQUE CENTRALE

POUR PARAITRE PROCHAINEMENT

DU MÊME AUTEUR

LES GRANDES ROUTES DE L'AFRIQUE CENTRALE

Première partie : LE SÉNÉGAL ET LE NIGER. — DE SAINT-LOUIS A TOMBOUCTOU ET AU LAC TCHAD.

Deuxième partie : L'OGOWÉ, L'ALIMA ET LE CONGO. — DU GABON AUX GRANDS LACS.

PARIS. — IMPRIMERIE ÉMILE MARTINET, RUE MIGNON, 2.

LES QUESTIONS DU JOUR

DES COLONIES

ET DE

L'AFRIQUE CENTRALE

PAR

J.-T. COFFIN

CH. DELAGRAVE

ÉDITEUR DE LA *REVUE DE GÉOGRAPHIE*

15, RUE SOUFFLOT, 15

—

1879

A

M. DE LESSEPS

A vous, Monsieur, le géant de notre siècle, je dédie cette brochure. — Nouveau Titan, vous bouleversez le monde, et d'une main assurée renversez les obstacles que la nature s'est plu à opposer à la civilisation. — Vos œuvres grandioses, car à peine avez-vous ouvert le canal de Suez que vous vous préparez à attaquer l'isthme de Panama, s'adressent à l'humanité entière. — Moi, plus humble, doué d'un esprit plus étroit, je ne me préoccupe dans cette étude que de la prospérité de mon pays, mais cela ne saurait manquer de vous intéresser, vous que l'on nomme avec raison : le Grand Français. — D'ailleurs, j'y parle de l'Afrique, que vous aimez passionnément. — J'espère donc que vous voudrez accueillir avec votre bienveillance habituelle la dédicace de ce modeste ouvrage : votre nom lui portera bonheur.

Recevez, Monsieur, avec mes respectueuses salutations, l'assurance de ma sincère admiration.

J.-T. COFFIN.

DES COLONIES

ET DE

L'AFRIQUE CENTRALE

Pourquoi il nous faut des colonies.

S'il est une vérité économique qui soit devenue banale à force d'avoir été répétée en ces derniers temps, c'est bien celle-ci : la production dépasse la consommation.

Depuis un demi-siècle la machine, remplaçant la main de l'homme, a décuplé, centuplé les produits manufacturés. Pendant longtemps certains pays se sont prêtés au rôle complaisant de consommateurs de nos produits, mais aujourd'hui ces pays tendent à s'affranchir de ce joug onéreux; quelques-uns même, comme l'Amérique, non contents de se passer de nos produits, nous envoient déjà les leurs.

De là la crise économique dont souffre l'Europe : les usines se ferment; les ouvriers, dont on est contraint de réduire le salaire pour essayer de forcer la consommation par le bas prix des produits, se révoltent et se mettent en grève; les capitaux effrayés se réfugient à la Bourse ou dans les Banques.

D'un côté des bras inactifs, de l'autre des capitaux improductifs, tel est le spectacle qui en ce moment s'offre à nos yeux. L'Europe, notre pays, vivent sur leurs épargnes et mangent leur fonds.

Et qu'on ne vienne pas nous citer le chiffre de nos exportations. — Dieu sait à quel prix il se maintient, ce chiffre! au prix de quelles luttes! de quelles pertes! — Cela est d'ailleurs visible aujourd'hui; le fabricant, après avoir mis en œuvre toute son énergie, toute son intelligence, est finalement contraint d'arriver à rogner le pain de ses ouvriers. De là les grèves qui éclatent en ce moment et qui toutes proviennent du même motif.

On parle du chiffre de nos exportations ! — Mais ne sait-on pas que, sous le poids des impôts, des charges de toute nature qui l'écrasent, le fabricant est obligé de produire sans relâche ni trêve, à n'importe quel prix, espérant toujours arriver par un chiffre d'affaires plus considérable à multiplier son minime bénéfice ou à atténuer ses pertes, et n'arrivant ainsi qu'à une chose : à l'avilissement de sa marchandise et à l'encombrement des marchés.

On parle du chiffre de nos exportations ! Ce qu'il serait intéressant de savoir, c'est ce qu'elles nous rapportent de bénéfices. — Voulez-vous une preuve convaincante du désarroi des affaires ? Écoutez les nations qui nous entourent, écoutez les industriels du nord de la France : tous se lamentent, tous réclament la protection, croyant trouver là un remède à leurs maux ; aveugles, ils voudraient que nous imitions l'autruche, qui cache sa tête dans le sable pour ne point voir le danger ; ils demandent à grands cris un remède pire que le mal.

Car enfin, si les ouvriers de ces industriels n'étaient pas plus raisonnables que leurs patrons, ne pourraient-ils pas, au nom du même droit que ceux-ci invoquent, la possibilité d'exister, demander la suppression des machines, qui par leur excès de production leur enlèvent leur travail, c'est-à-dire les moyens de vivre, la possibilité d'exister ? — L'un serait tout aussi logique que l'autre, ou plutôt tout aussi absurde. — La machine, qui a relevé le travailleur du rôle de force brutale qu'il occupait auparavant pour lui demander l'emploi de son intelligence, ne saurait être considérée comme un fléau ; et pourtant c'est elle qui amène les peines, la misère, les luttes actuelles de l'ouvrier par son emploi inconsidéré.

La machine à vapeur est une invention admirable, avec elle nous traversons en quelques heures, en quelques jours les continents, les mers ; avec elle nous avons transpercé les Alpes, ouvert le canal de Suez. — C'est évidemment une des plus grandes conquêtes de l'homme ; et pourtant cette machine bienfaisante, si l'on n'y prend garde, si on la surmène, si on la surchauffe, ou si l'on ferme seulement pendant quelques instants l'ouverture par où la vapeur s'échappe, devient un instrument terrible de dévastation : elle éclate, et malheur à ceux qui se trouvent auprès.

L'industrie moderne est semblable à une chaudière en pression :

on ne peut l'arrêter sans la faire sauter ; suspendez le travail, l'explosion sera terrible. — Que deviendraient ces milliers d'ouvriers qui n'ont pour moyens d'existence que ce travail ? — Une voix très illustre a déclaré qu'il n'y avait plus de question sociale : il y a une question éternelle et terrible, c'est celle du pain, du *struggle for life,* pour employer la formule moderne; elle est brutale celle-à, et n'entend rien aux tempéraments de la politique.

Le jour où il n'y a plus de pain pour l'ouvrier, les pavés se soulèvent tout seuls, et le sang ne tarde pas à couler. Nous n'en sommes pas encore là, fort heureusement, mais c'est le devoir de tout homme de cœur de signaler le danger.

Maintenant que nous avons constaté le mal, et certes ceux qui sont dans les affaires ne nous accuseront pas de l'avoir exagéré, nous allons, plus heureux en cela que bien des médecins, lui opposer un remède efficace. — À l'excès de production offrons un déversoir, c'est-à-dire des colonies.

Quelle est la nation qui, au milieu du désarroi général, résiste le mieux? Quelle est la nation qui, au milieu du mouvement affolé qui précipite toutes les autres vers la protection, tient seule haut et ferme le drapeau de la liberté commerciale en Europe? C'est l'Angleterre.

Pourquoi? C'est que l'Angleterre possède de nombreuses colonies; c'est que, pour suffire aux besoins de celles-ci, elle a dû se créer un outillage industriel formidable qui lui permet de ne craindre aucune concurrence et d'écouler ses produits en Europe, malgré les droits d'entrée dont les frappent les nations dont elle vient écraser l'industrie jusque chez elles.

En face du mouvement protectionniste qui porte les pays voisins à entraver chez eux l'importation de nos produits, il n'y a qu'un remède qui puisse permettre à notre industrie de vivre, c'est des colonies. — Là, elle pourra écouler ses produits sans qu'ils soient frappés de droits d'entrée, au besoin même ils y seront protégés par des tarifs comme en France; et pour faire face à ce surcroît de besoins, elle sera obligée d'améliorer son outillage; produisant davantage, elle produira à meilleur marché, et elle produira d'autant plus à meilleur marché qu'elle recevra directement des colonies les matières premières.

A la marine marchande qui se plaint, que faut-il? — Des colonies.
— A nos agriculteurs, qui se plaignent que les charges qui pèsent sur

leurs terres ne sont pas en rapport avec leur fertilité, donnez des colonies : là ils trouveront un sol fertile et peu ou pas d'impôts.

Lorsque le grand Colbert créa l'industrie française, il s'occupa immédiatement de lui trouver des débouchés ; il ne se contenta pas d'améliorer nos ports, de constituer sur de nouvelles bases la marine marchande et militaire, qui sont encore en partie régies par ses ordonnances : il voulut que la France eût des colonies. — Et non content de ce que nous possédions alors : le Canada, la Lousiane, les Antilles, le groupe de la Réunion et Madagascar, il voulut donner à la France l'empire des Indes, et pour arriver à ce but créa la compagnie des Indes orientales. Il faut lire les 48 articles qui composent les statuts de cette compagnie, il faut voir les sacrifices de tout genre que s'impose Louis XIV — car alors, l'État, c'était lui—pour juger de l'importance que Colbert attachait à ce que nous eussions des colonies. — Nous reviendrons plus loin à ces statuts, qui sont curieux à plus d'un titre.

Des colonies en général.

Mais nous en avons, des colonies ! va-t-on dire. — Nous en avons si peu que ce n'est vraiment presque pas la peine d'en parler ; sauf l'Algérie, qui sous peu ne sera qu'une partie de la France séparée d'elle par un bras de mer, nous n'avons guère que des points d'escale.

Pendant longtemps nous avons considéré les bribes qui nous restaient de notre ancien empire colonial comme des objets de luxe ; nous les possédions comme on possède chez soi, sur une étagère, des bibelots curieux qui coûtent fort cher et ne rapportent rien ; nos navires y trouvaient un port, des vivres frais et de l'eau, mais le public ignorait leur existence. Qui de nous, après avoir terminé ses études et obtenu le diplôme de bachelier, était bien sûr, il y a dix ans, de pouvoir énumérer toutes les colonies françaises ?

Le second empire, imitant en cela les funestes errements du premier, se préoccupait en effet fort peu des colonies. — L'Algérie n'était qu'un camp où l'on ne se souciait pas d'attirer les colons. — Quant aux autres possessions, c'est à peine si leur nom était prononcé de temps en temps. L'empire en fit des prétextes à sinécures pour payer le dévouement de ses serviteurs, mais en ayant soin de leur recommander l'immobilité la plus absolue : des bals, des parties de chasse, des réceptions, telles devaient être leurs occupations ; pour remplir leurs loisirs on leur permettait la confection de volumineux rapports que personne ne lisait. — Ce fut l'ère de la paperasserie administrative, qui sut décourager toutes les bonnes volontés, et par son inaction voulue réduisit nos colonies à l'état où elles se trouvent aujourd'hui. — Qu'on nous cite une seule amélioration sérieuse, une seule réforme utile réalisée par cette administration qui pendant vingt ans a écrasé, atrophié nos colonies sous le poids de son inertie !

On a enfin senti les dangers de ce système, les nombreuses sociétés de géographie qui depuis quelques années se sont créées en France, grâce aux efforts de quelques hommes généreux, ont montré l'importance des colonies et le rôle qu'elles jouent dans la prospérité des nations. L'excellent ministre de la marine actuel, l'amiral Jauréguiberry, s'efforce de les revivifier ; il les a dotées, sauf encore le Sénégal, du régime civil, et il en attend de très bons résultats.

Mais les meilleures intentions du monde ne valent guère que par la manière dont elles sont appliquées ; aussi tous les débris de l'administration impériale, craignant qu'on ne mette à nu leur œuvre néfaste, parlent avec audace des services qu'ils ont rendus, ils demandent avec instance les hautes positions dues à leurs connaissances administratives, et quelques-uns les obtiennent, grâce à de fatales complaisances.

Si ces gens-là avaient, pendant leur passage aux affaires, fait quelque chose de bien, s'ils avaient rendu nos colonies florissantes, nous serions les derniers à demander qu'on les tînt à l'écart : nous sommes de ceux qui mettent au-dessus de toutes dissensions politiques le drapeau de la patrie. Mais que sont devenues entre leurs mains nos colonies, pour qu'ils osent aujourd'hui nous demander de la reconnaissance ? Ce qu'ils ont fait peut se résumer en un mot : *Nihil*, rien. Nous ne leur devons pas davantage, leur insistance est déplacée.

L'empire avait, par les traités de commerce, ouvert à notre industrie un large débouché en Europe, dont l'état était alors prospère ; il n'avait pas les raisons impérieuses qui s'imposent maintenant à notre gouvernement de se préoccuper des colonies ; il était donc jusqu'à un certain point excusable de les avoir négligées. Mais aujourd'hui que leur rôle doit changer, où d'objets de luxe elles doivent devenir des utilités pratiques, il semble absolument évident que leur administration doit être complètement renouvelée ; on ne saurait confier leur direction à des gens qui ne sauraient se rendre compte du nouveau rôle qu'elles doivent jouer. Il faudrait à leur tête des hommes pratiques, tirés, soit de la finance, soit du haut commerce, qui, habitués à avoir en toute chose un but bien défini, se préoccuperaient avant tout du résultat à obtenir, de leur prospérité.

L'opinion publique s'est justement émue de cet état de choses, dont elle ne connaît pourtant qu'une faible partie ; elle réclame une réforme de l'organisation coloniale. Un député, M. Albert Grévy, a été envoyé en Algérie comme gouverneur ; sa présence y produira les meilleurs résultats, malgré les troubles qui ont accueilli son arrivée, troubles préparés depuis longtemps et que n'avait su prévenir l'administration précédente. Nos colonies ne sauraient que gagner à la généralisation de ce système, et il serait à souhaiter que pour quelque temps du moins chacune d'elles fût gouvernée par un député qui, étranger aux influences locales, fort de son autorité, briserait tous les obstacles, et les ferait entrer résolument dans la voie du progrès.

L'empire, en négligeant nos colonies, avait deux mobiles. D'abord il craignait de mécontenter nos voisins les Anglais, d'avoir l'air de marcher sur leurs brisées en créant la puissance coloniale de la France ; c'était bien peu les connaître, car nos voisins n'ont jamais eu des amis, mais des alliés, et ils ne se sont jamais alliés qu'avec ceux qui étaient les plus forts et pouvaient servir leurs intérêts. — Pour eux tout se rapporte à leur expression favorite : une chose « paye », ou « ne paye pas » ; ils ne connaissent que les intérêts anglais ; le sentimentalisme nébuleux qui fit commettre tant de fautes à l'empire n'a aucune prise sur eux.

Mais à cette préoccupation de ne pas mécontenter l'Angleterre venait s'ajouter la crainte de dépeupler la France : autre erreur ; l'expérience démontre que l'émigration est un stimulant énergique à l'accroissement d'un peuple. — Qu'est-ce qui effraye les pères de famille et les porte à restreindre volontairement le nombre de leurs enfants ? — car cette restriction existe, chacun l'entend exprimer tous les jours autour de soi, la preuve en est tangible dans la lenteur avec laquelle notre population s'accroît — qu'est-ce, disons-nous, qui amène cette restriction si préjudiciable à l'État, sinon la difficulté d'établir convenablement ses enfants ? Toutes les carrières sont encombrées, on tient à leur laisser au moins un capital qui leur permette de vivre, il s'ensuit pour le pays une perte considérable de vitalité. —Notre pays s'étiole, il manque d'air. — De là le nombre considérable en France de petites gens, ayant de petites rentes, de petits goûts, de petites idées et de petites capacités; car c'est là un fait bien connu, que si le niveau général de l'esprit s'est élevé en notre pays, si l'on y trouve moins de gens aussi absolument nuls qu'autrefois, en revanche depuis quelques années on y voit moins de ces génies qui planaient sur la foule.—Pour s'en convaincre on n'a qu'à jeter un regard sur les lettres, les arts ou la politique.

Que voyons-nous au contraire en Angleterre? Le père de famille a de nombreux enfants, il ne se prive point pour eux; pourvu qu'il les fasse élever convenablement, il sait qu'ils se tireront d'affaire, soit chez eux, soit aux colonies; l'activité anglaise n'est point étroitement limitée aux Iles Britanniques, elle s'étend partout où flotte l'*Union Jack*, sur les deux hémisphères. —Et malgré le chiffre formidable d'Anglais qui chaque année quittent la mère-patrie, la population ne cesse de s'accroître; d'ailleurs ceux qui partent ne sont pas perdus pour elle, ils vont au loin dans ses colonies, augmenter sa force et sa richesse, répandre la langue et les goûts anglais, et créer de nouveaux consommateurs aux manufactures de Manchester et de Liverpool.

Comme un arbre bien taillé pousse des rameaux plus vigoureux et plus abondants, de même une nation qui possède une émigration rationnelle ne cesse de s'accroître, et si cette émigration se dirige vers les colonies de ce pays, l'accroissement est doublement rapide. — Ces craintes étaient donc sans fondements.

Mais posséder des colonies n'est pas tout, il s'agit de bien se rendre compte du rôle qu'elles doivent jouer dans le fonctionnement de l'organisme d'une nation.

Les colonies doivent être le déversoir naturel de toutes les forces surabondantes d'un pays, qui alors, au lieu de s'écouler et de se perdre au dehors ou de rester stériles, s'y accumulent et deviennent un nouvel instrument de prospérité pour la métropole. —Elles doivent être des marchés naturels dont nous devons avoir le monopole pour y écouler nos produits manufacturés, en échange desquels elles doivent nous fournir les matières premières nécessaires à nos besoins et à notre industrie. — Elles doivent être à la France ce que les campagnes sont aux villes; tel est du moins le type de la parfaite colonie ; et n'oublions pas que ce sont les colonies qui ont fait la grandeur et la richesse de l'Angleterre.

Nous ne devons donc point les négliger, tous nos soins doivent être employés à en créer de nouvelles, à améliorer celles qui existent ; nous ne devons leur refuser ni routes, ni canaux, ni chemins de fer, ni institutions de crédit, rien enfin de ce qui peut rendre leur production de matières premières aussi intensive que possible. Car en augmentant leur richesse nous augmentons leur faculté d'absorber nos produits, nous créons ainsi un courant commercial plus actif entre elles et nous, et augmentons la fortune de notre pays.

Nous ne devons pas chercher à y créer l'industrie, d'abord parce qu'elle ferait concurrence à la nôtre, puis, parce qu'une colonie trop complète, pouvant produire tout ce qui est nécessaire à ses besoins, a une certaine tendance, comme le Canada par exemple, à se séparer de la mère-patrie.

Nous ne devons pas non plus imiter complètement nos excellents amis les Anglais, dont, tout en reconnaissant les grandes qualités, que nul n'apprécie mieux que nous, on ne peut dissimuler l'égoïsme calculé qui les porte à mettre en coupe déréglée les peuples assez mous pour les laisser faire sans protester.

Ainsi l'Angleterre est en train de tuer sa poule aux œufs d'or ; depuis plusieurs années le budget de l'Inde se solde par un déficit considérable : celui de cette année est de dix-neuf cent mille livres sterling, soit près de cinquante millions de francs.

Ce pays autrefois si riche, si prospère, dont les Portugais, les Hollandais, les Français et les Anglais se disputaient le commerce au XVIIe siècle, est aujourd'hui misérable. Les canaux creusés à grands frais par les anciens souverains du pays, n'étant plus entreenus, se sont comblés ; que les pluies viennent à manquer, c'est la famine, et quelle famine ! Rappelons-nous qu'il y a deux ans plusieurs centaines de mille êtres humains y sont morts de faim. — Mais on s'occupe bien de cela : pourvu que *the balance be on the right side*, c'est-à-dire que le budget se solde, sinon par un excédent de recettes, du moins s'équilibre, *it is all right, never mind :* tout est pour le mieux ; et pour équilibrer cette année le budget des Indes, on biffe résolument le chapitre des travaux publics destinés à empêcher le retour des famines.

Nous avons assez exalté leurs qualités pour avoir le droit de leur dire quelques vérités dont leurs hommes de bonne foi seront les premiers à reconnaître la justesse. « Le philanthropisme comme « le libre échange sont des articles d'exportation qui se fabriquent « en Angleterre, mais ne s'y consomment pas, car ils ne payent pas, » nous disait un jour un des leurs dans un accès de franchise. — En voyant la conduite coloniale de l'Angleterre, on serait presque tenté de le croire.

Mais, dira-t-on peut-être, ce ne sont pas tant les colonies que les colons qui nous manquent : voyez l'Algérie, combien sa population française est lente à s'augmenter, depuis plus de quarante ans que nous la possédons.

Pardon; mais qu'a-t-on fait pour y attirer les colons? Combien y a-t-il de gens, nous parlons des gens que cela peut intéresser, qui sachent qu'on y distribue à tout émigrant français, sous la seule condition d'habiter sa concession, 25 hectares de terres arables dans les villages en formation et 50 ou 75 hectares à ceux qui préfèrent les lots dits de fermes isolées. — Affichez cela demain dans chaque commune de France, et dans quinze jours vous aurez vingt mille familles qui vous demanderont des concessions.

Nous savons d'avance ce que l'on va répondre à cela : en Algérie les débuts sont difficiles ; dans toutes les régions non irriguées la culture est essentiellement aléatoire; un colon qui débute peut tomber sur une ou deux années de sécheresse. Si ses moyens ne lui permettent pas de pouvoir atteindre la troisième année, qui, si elle est bonne, le rémunérera largement de ses peines, il est perdu. Il tombera entre les mains d'usuriers qui lui prêteront à un taux exorbitant et au bout de peu de temps feront vendre son matériel, son cheptel, sa concession s'ils peuvent, et le laisseront ruiné. — Pour s'établir colon en Algérie, il faut un certain capital.

Ne voilà-t-il pas un beau raisonnement ! Croyez-vous que vous trouverez beaucoup de millionnaires disposés à courir les risques d'un climat qui au début éprouve toutes les constitutions, avec l'appât d'une concession de 25 ou même de 100 hectares?

M. Grévy, le nouveau gouverneur de l'Algérie, a déjà compris ce vice fondamental de la règle qui régissait les concessions de terrain, et il se dispose à demander la fondation d'un Crédit Foncier Algérien adapté aux besoins du pays. Cette institution-là, si elle s'applique réellement aux prêts sur les propriétés tant rurales qu'urbaines, aura plus fait pour la colonisation de l'Algérie que toutes les décisions ministérielles qui ont pu être rendues depuis la conquête.

Qu'ont fait ces républiques espagnoles de l'Amérique du Sud qui, il y a trente ou quarante ans, comptaient à peine quelques dizaines de mille habitants, pour se peupler si rapidement? — Elles ont tout simplement assuré à l'émigrant, outre une concession de terrain, une maison, des outils et la possibilité de vivre jusqu'à la première récolte ; elles ont retrouvé au centuple les sommes qu'elles avaient ainsi consacrées à favoriser l'émigration. — Faites cela, et vous verrez si vous trouverez des colons.

Le Français n'est pas colonisateur.

Une dernière erreur au sujet des colonies nous reste à combattre ; on nous a répété si souvent que nous n'étions pas un peuple colonisateur, que nous avons fini par l'admettre, par le croire. — Et pourtant, au XVIIe siècle, nous avons possédé le Canada, la Louisiane, une grande partie des Antilles , le groupe de la Réunion , Madagascar et une partie des Indes : à cette époque, on ne peut le nier, nous étions colonisateurs. Pourquoi? — Parce que le gouvernement encourageait la colonisation.

La prépondérance maritime de l'Angleterre nous enleva par la force la plus grande partie de nos possessions, mais notre court passage dans ces colonies y a laissé des traces profondes. Le nom de Dupleix est encore révéré aux Indes, et les dix mille Français qui abordèrent au Canada sont arrivés, par le seul accroissement des naissances, à être aujourd'hui plus d'un million, parlant notre langue, ayant conservé nos mœurs et nos coutumes, étant enfin complètement Français.

Non seulement nous sommes colonisateurs, mais pouvons même dire que les races latines sont seules réellement colonisatrices, car seules elles sont capables de se mélanger aux aborigènes et de les absorber, de transformer sans luttes les pays où elles s'établissent. — Le mélange du Français et du Peau-Rouge a produit au Canada une nombreuse population de métis qui est bien réellement française; les Espagnols aussi se sont mélangés dans une large proportion avec ces mêmes Indiens au Mexique et dans le continent sud de l'Amérique.

Les Anglo-Saxons sont loin d'être doués au même degré de cette faculté d'absorption, on ne saurait montrer une agglomération de métis anglais d'une certaine importance ; aussi sont-ils obligés, pour posséder une contrée, de commencer par en chasser les indigènes, comme font en ce moment les Américains, qui détruisent délibérément et de parti pris la race Peau-Rouge. — Cela va bien lorsqu'ils ont affaire à une race appauvrie, comme le Peaurouge ou le Kanaque de l'Australie ; mais qu'ils se heurtent à une race vivace, comme le nègre, ils échoueront alors complètement.

Voyez plutôt ce qui se passe en ce moment dans leur colonie du Cap : une tribu nègre tient tête à une armée de vingt mille hommes et lui inflige des échecs sanglants. — L'expropriation de son sol de la race nègre ne saurait donc être entreprise avec succès. — On ne saurait pas davantage rêver de dompter les noirs par les armes, comme les Hindous ; ils ne sont point abrutis par une longue oppression religieuse ; ce sont des hommes primitifs, doués d'une vitalité surabondante, qui, une lance à la main, se jettent résolument sur une colonne munie d'armes perfectionnées et vomissant la mitraille.

On ne peut donc s'emparer d'eux que par absorption, et nous venons de démontrer le manque de cette faculté dans la race anglo-saxonne ; les Allemands la possèdent encore moins. C'est là un peuple, malgré les théories de ses philosophes qui affirment sa supériorité, d'une nature sans cohésion, on pourrait presque dire une race bâtarde et sans consistance, à voir la facilité avec laquelle elle se fond en Amérique avec le Yankee, malgré le chiffre formidable de son émigration.

Pour nous résumer, les données physiologiques actuelles permettent d'affirmer que l'Anglais est un essaimeur, l'Allemand un augmentateur numérique complètement neutre, et que le Latin seul est réellement colonisateur par sa nature, qui lui permet de se mélanger aux aborigènes et de les absorber. — Qu'il ait su moins bien garder ses colonies que l'Anglais, cela ne change rien à la vérité de la démonstration. — Que les écrivains, que la presse, développent le mouvement de l'opinion publique qui se forme déjà sur ce sujet, que le gouvernement l'encourage, et l'on en verra la preuve palpable en peu d'années.

Nous avons longuement démontré l'utilité, la nécessité d'avoir des colonies, est-ce à dire que nous devions tenter de reprendre par la force celles qui nous ont été enlevées? — Non, *that would not pay*. Il nous faudrait dépenser plus qu'elles ne valent, et nous tenons à vivre en paix avec tous nos voisins; si elles doivent nous faire retour, ce sera, comme l'île Saint-Barthélemy récemment, par des traités amiables.

D'ailleurs, le champ le plus vaste, celui pour la colonisation duquel notre génie s'adapte le mieux, reste encore à défricher: l'Afrique est là, nous pouvons en absorber la plus grande partie. — On vient de retrouver le sombre continent, et déjà toutes les nations européennes tournent leurs yeux vers lui. — Les divers points que nous y occupons nous donnent une avance considérable et nous permettent de nous en attribuer la plus large part.

Le xix° siècle a vu l'Amérique devenir un facteur important dans l'économie sociale de l'Europe, le xx° siècle verra l'Afrique jouer un rôle plus important peut-être encore. — Quelle part notre pays doit-il avoir dans cette naissance d'un nouveau monde? c'est ce que nous allons examiner, tout en faisant dès à présent nos réserves sur l'état spécial de ce pays, où civilisation, culture, industrie, homme même, tout est à l'état rudimentaire, tout est presque à créer.

L'AFRIQUE

Coup d'œil général.

Depuis quelques années, les sociétés de géographie ont popularisé en France la connaissance du climat et de la configuration générale du continent africain; on sait que son climat est malsain dans les parties basses et marécageuses, mais supportable dans les régions élevées ; nul n'ignore qu'il est traversé par quatre grandes artères : au nord le Nil, à l'est le Zambèze, enfin à l'ouest le Congo et le Niger.

Deux grandes puissances possèdent actuellement des colonies en Afrique. La France a au nord l'Algérie, au nord-ouest le Sénégal, à l'ouest l'Assinie et Grand Bassam, que nous n'occupons plus depuis 1870, divers comptoirs éparpillés le long de la côte occidentale, et enfin le Gabon. — L'Angleterre occupe la Côte d'Or ou colonie de Cape-Coast-Castle à l'ouest, et divers points moins considérables : Sainte-Marie de Bathurst, Sierra-Leone et Lagos; elle a une quantité considérable de comptoirs sur la côte occidentale, dont le commerce est presque entièrement entre ses mains, et enfin, tout au sud, la colonie du Cap de Bonne-Espérance. — Les Hollandais se sont retirés depuis quelques années de leurs possessions de la Côte d'Or, qu'ils ont vendues aux Anglais. — Les Portugais occupent à l'ouest San-Thomé et le Benguela, leurs comptoirs sont établis à l'embouchure du Congo, au sud-est ils occupent les bouches du Zambèze. — Les Espagnols ont l'île de Fernando-Po qui leur sert de lieu de dé-portation. — Les Allemands ont quelques comptoirs sur divers points.

Suivant les idées actuellement reçues, nous paraissons à pre-mière vue mieux partagés que les Anglais, car Alger n'est qu'à 36 heures de navigation de Marseille, pendant que les vapeurs an-glais mettent un mois pour atteindre la colonie du Cap; toutefois les avantages se balancent si l'on examine attentivement la situation.

L'Algérie est très près de nous, c'est vrai; mais elle est coupée du reste de l'Afrique par le Sahara, qui est actuellement une barrière insurmontable, et sa valeur en est singulièrement diminuée.—La co-lonie du Cap de Bonne-Espérance, située beaucoup plus loin, n'est bornée que par la sauvagerie des Bushmen et des Zoulous: cet obstacle humain paraît plus facilement surmontable que celui qui limite notre colonie.

Nous savons bien qu'on fait grand bruit depuis quelque temps autour d'un projet de chemin de fer transsaharien destiné à sup-primer le désert; mais ce projet n'est pas pratique, pour le moment du moins, ainsi que nous allons le démontrer. — Nous ne pouvons donc considérer l'Algérie que comme une sorte d'île, séparée du continent africain par le Sahara, et dont la future prospérité est limitée par cet obstacle; et bien que tous nos efforts tendent en ce moment vers sa colonisation, on peut prédire à coup sûr qu'elle n'occupera pas toujours le premier rang parmi nos colonies d'A-frique. — C'est le Sénégal qui est appelé à la plus haute prospérité, et qui établit d'une manière incontestable notre supériorité sur tous les autres peuples qui seraient tentés de coloniser ce continent.

Deux mots [en passant sur le projet du Transsaharien.

Relier l'Algérie à l'Afrique centrale, c'est lui donner une importance considérable, c'est ouvrir un champ immense à l'activité et au commerce des Algériens; ce serait un bienfait inappréciable pour l'Algérie, d'accord.

Ce chemin de fer est-il faisable? Nous croyons que la science des ingénieurs a fait assez de progrès pour triompher des obstacles naturels qui pourraient entraver son exécution.—Qu'il soit pratique? nous ne le croyons pas : il ne payerait pas. — Son établissement coûterait des sommes énormes, il traverserait des pays peu productifs et des peuplades qui nous sont peu sympathiques, car M. Soleillet n'a pu parvenir à In-Çalah que grâce aux relations qu'il avait su se créer au Maroc et en Tunisie; sa qualité de Français lui en eût barré le chemin. — Et à quoi aboutirait ce chemin de fer — construit — à quel prix? les actionnaires seuls le sauraient! Il aboutirait à Tombouctou.

Aucun géographe n'a encore donné la cause de la décadence de Tombouctou, qui, après avoir été dans l'antiquité une ville considérable, n'était plus au commencement de ce siècle qu'un amas de ruines, et dont l'importance commerciale actuelle est facile à évaluer par le nombre des caravanes qui partent du Maroc pour s'y rendre.

La décadence de Tombouctou date du jour où les Européens se sont établis à la côte occidentale d'Afrique.

Examinons une carte et voyons quelle distance sépare Tombouctou de la Méditerranée : trois mille kilomètres au moins, dont plus de deux mille à travers le Sahara. — A quel prix doivent y parvenir les marchandises transportées à dos de chameau pendant ce long et périlleux voyage? — Et remarquons que Tombouctou n'est situé qu'à la frontière des pays de production et de consommation. — Tandis que les marchandises européennes arrivent à la côte occidentale presque pour rien par voie de mer, de 75 à 85 francs par tonne; et passant de mains en mains, de marchés en marchés, par cette sorte d'endosmose qu'a signalée Stanley sur le Congo, arrivent au centre du Soudan et pénètrent ainsi jusqu'au lac Tchad, à bien plus bas prix et plus rapidement que si elles fussent venues par Tombouctou.

Et ce mouvement est considérable, le trafic de la côte occidentale est de beaucoup le plus important de toute l'Afrique : des centaines de navires vont et viennent, apportant sans cesse de nouvelles marchandises. — Un service bi-mensuel de paquebots est établi entre Liverpool et cette côte ; la traversée coûte, de Liverpool à Bonny, aux bouches du Niger, 45 livres sterling, 10 schellings et 6 pences ; le fret, 3 livres et 10 shellings par tonne.

Oui, mais, diront peut-être les promoteurs de ce projet, ce n'est plus à dos de chameau que nous apporterons nos marchandises. — Notre chemin nous permettra d'en apporter des quantités considérables jusqu'à Tombouctou, et à bien meilleur marché que par caravanes ; de là nous pouvons descendre le Niger, nos marchandises auront une valeur énorme dans l'intérieur, et nous détournerons de nouveau le courant qui porte les habitants de ce bassin à s'approvisionner à la côte.

Rien de mieux, mais que coûterait ce chemin de fer ? — On a parlé de quatre cents millions de Tombouctou à In-Çalah, c'est là un chiffre en l'air qui ne s'appuye sur aucune étude sérieuse faite sur le terrain.

Eh bien, si quatre cents millions suffisent pour construire le Transsaharien, avec le quart de cette somme on peut joindre par un chemin de fer le Sénégal au Niger à leurs points navigables, de Médine à Yamina ! Et une tonne de marchandises, partant de Marseille ou de Bordeaux, arrivera à Tombouctou, ou descendra plus bas sur le Niger, ayant coûté au maximum cinq fois moins de transport que par le Transsaharien. — Ce n'est pas tout : pour le retour les marchandises sont lourdes et encombrantes, et l'infériorité du Transsaharien s'accentuerait encore en face d'un système employant la voie fluviale jusqu'à Yamina et n'ayant que 700 à 800 kilomètres de chemin de fer pour atteindre Médine.

La nature a largement pourvu l'Afrique de grands fleuves, « ces chemins qui marchent, » comme dit Rabelais : pourquoi ne pas en profiter ?

Mais admettons même, ce qui serait impossible, que cette compagnie du Transsaharien, en vertu d'un monopole qu'elle eût obtenu, pût interdire le trafic par les fleuves. — De Lagos, d'Accra, de Cape-Coast-Castle, les Anglais pourraient construire une voie ferrée qui ne parcourrait que des pays très fertiles, lui assurant un trafic considérable, et, traversant ce riche bassin, franchirait le

Niger, et au bout de 1 500 à 1 900 kilomètres aboutirait au lac Tchad, au centre de l'Afrique.

Et le Transsaharien a 1 900 kilomètres de Sahara à traverser d'In-Çalah à Tombouctou ! — Voyons, franchement, la lutte serait-elle possible ?

On n'a jusqu'à présent envisagé qu'un des côtés de la question, on s'est aveuglé sur l'importance de l'Algérie et sur la vieille renommée de Tombouctou ; on n'a pas vu que les marchandises qui pénètrent en Afrique suivent une voie nouvelle beaucoup plus directe, la côte occidentale, et que si cette voie a une supériorité marquée sur celle du Sahara en ce moment, rien ne s'opposera à ce qu'elle la conserve quand il s'agira de construire des chemins de fer.

Évidemment, les promoteurs de ce projet ne se doutaient même pas de cela, et ils seront obligés de reconnaître que leur railway ne pourrait vivre six mois devant cette concurrence. — Avant de construire le Transsaharien, il faut peupler le Sahara, supprimer le désert. — Jusqu'à ce que cela soit fait, la colonie appelée au plus brillant avenir, c'est le Sénégal, qui peut, en réunissant son fleuve au Niger, soit par une route, soit par un chemin de fer, s'assurer le trafic d'une vaste portion du continent africain, la plus riche, la plus peuplée, le bassin du Niger.

Ce que sont les Africains.

On peut sans hésitation les diviser en deux classes bien distinctes : les musulmans, et les païens ou fétichistes ; les musulmans habitant le nord et l'est jusqu'à Zanzibar, les fétichistes habitant le sud, s'étendant à l'est jusqu'aux grands lacs, au centre jusqu'au lac Tchad et à l'ouest jusqu'au Sénégal. — Cette classification a une importance considérable au point de vue de la colonisation, car elle sépare de suite cette énorme agglomération de peuples en demi-civilisés et en sauvages ; elle indique ceux qui seront réfractaires à la civilisation et ceux qui seront malléables.

C'est là un fait digne de remarque : les deux extrêmes de la civilisation, les peuples sauvages et les peuples arrivés à l'apogée de la culture intellectuelle, n'ont pas de religion, mais tous deux sont superstitieux : on n'osa jamais s'asseoir treize à table aux fameux dîners gras du vendredi saint de Sainte-Beuve. — Les Égyptiens, qui dans leurs hiéroglyphes représentaient le progrès sous la forme d'un serpent qui se mord la queue, avaient-ils donc trouvé sa formule définitive ?

Quoi qu'il en soit, le musulman, qu'il soit nègre ou arabe, se présente à nous avec un vernis de civilisation bien séduisant au premier abord, surtout si on le compare à l'état dans lequel se trouve le fétichiste. — Sa religion lui impose les ablutions, l'usage des vêtements; s'il est riche, vous le verrez couvert de soieries éclatantes et de dorures; il saura lire, écrire même; il est très fin commerçant; qu'il s'occupe d'agriculture ou de commerce, on verra qu'il a eu des rapports avec un monde relativement civilisé; il n'est point complètement étranger à nos usages.

Mais il ne faut pas oublier que le mahométisme est une religion essentiellement bornée; elle place ses adeptes très rapidement dans un état demi-civilisé qui éblouit au premier abord, mais plus tard elle devient un obstacle presque insurmontable au développement plus complet de cette même civilisation à laquelle elle paraît devoir conduire si rapidement. — Et ce qu'il y a de fâcheux, c'est que cette religion, à voir la presque unanimité avec laquelle l'ont adoptée les peuples des pays très chauds, paraît merveilleusement convenir à la zone torride où est située l'Afrique. — Tous nos efforts doivent tendre à l'empêcher de s'y propager. — Rappelons-nous qu'au xe siècle un khalife sassanide demandait à un empereur grec, pour rançon d'un grand nombre de prisonniers, les œuvres d'Aristote, et regardons ce que ses successeurs sont devenus.

Nous étions presque barbares, nous avons progressé; mais eux, enfermés dans le cercle étroit tracé autour d'eux par le Koran, n'ont pas bougé : leurs vêtements, leur nourriture, leurs mœurs, leurs usages, leur vie entière, tout a été réglé par leur loi religieuse, civile et militaire, et comme elle tout est immuable.

Le fétichiste, au contraire, qui se présente à nous complètement fruste, est essentiellement malléable et par conséquent progressif; c'est une nature vierge, un enfant, un homme rudimentaire, tel qu'ont dû être nos ancêtres au commencement de l'âge de fer. — D'un courage indomptable, s'il a une injure à venger ou s'il est poussé par quelque mobile puissant, il tremble devant ce qu'il croit devoir attribuer à un pouvoir surnaturel; il a une haute idée de l'homme blanc, qui lui semble un être supérieur capable d'accomplir les choses les plus extraordinaires. — Nous pouvons le pétrir comme une cire molle et en faire ce que nous voudrons : il s'assimilera nos idées, nos mœurs, nos costumes et notre langage ; il a, comme l'enfant et le singe, une tendance invincible à imiter ce qu'il voit faire.

Qu'on ne s'y trompe pas pourtant, c'est un enfant, mais un enfant terrible, dont le cerveau est peu développé et qui ne se fie encore qu'à ses sens ; avant de croire, il faut qu'il ait touché ou au moins vu ; la métaphysique ne le touche guère, il ne la comprend pas ; aussi les missionnaires, à quelque confession qu'ils appartiennent, éprouvent-ils beaucoup de peine à en faire des prosélytes.

Comme l'enfant, le nègre est capable indifféremment de tous les bons sentiments, comme aussi de tous les mauvais ; comme lui aussi, il est une chose qu'il ne discute pas et devant laquelle il s'incline passivement : c'est la force. Enfin, comme l'enfant, tous ses actes ont pour mobile un goût, un besoin, une passion, un intérêt immédiat à satisfaire, car son intelligence, sauf de rares exceptions, est incapable de réfléchir longuement sur le même sujet et de se prêter à des combinaisons un peu compliquées.

Nous ne discutons nullement en ce moment la question de son infériorité, nous constatons que c'est un enfant ; qu'il soit perfectible, nous le croyons, mais il est évident qu'il faudra plusieurs générations civilisées avant que le nouveau principe d'hérédité, combattant l'hérédité de l'abrutissement dans lequel il a été plongé pendant des milliers d'années (car c'est là évidemment une des races primitives du globe), ne donne à son encéphale une vigueur et un développement comparables aux nôtres.

. Enfin, il est très paresseux et ne travaille que sous l'empire d'une nécessité pressante. — Ces Krowmen employés tout le long de la côte occidentale comme porteurs dans les factoreries, qui à travers les barres conduisent aux navires des barques lourdement chargées, sans souci des requins qui estropient ou dévorent ceux qui chavirent leurs embarcations ; qui, tout en étant très voleurs, rendent de réels services, travaillant du matin au soir, sous une chaleur accablante, pour un modique salaire, sont au fond les gens les plus fainéants au monde. — Ils s'engagent dans les factoreries et demeurent deux, trois ou quatre ans ; dès qu'ils ont par leurs gages économisé, amassé une somme suffisante, rien ne peut les retenir ; ils retournent chez eux au Cap Palmas, dans leur cher pays de Krow, achètent une solide gaillarde pour compagne et la regardent travailler en fumant leur pipe au pied d'un palmier. — Ils sont inscrits au grand livre de la dette publique africaine, ils sont rentiers, ils ont une femme.

On voit qu'on peut diriger le nègre fétichiste dans un sens, l'améliorer, lui faire même accomplir les actes les plus antipathiques à sa nature, absolument comme un enfant.

Le musulman, au contraire, est complètement réfractaire à nos idées, et il est difficile d'exercer sur lui une pression quelconque. — Depuis quarante ans qu'ils sont en notre pouvoir, en contact constant avec nous, nos musulmans d'Algérie se sont-ils civilisés d'une manière appréciable? Quel est l'obstacle à leur assimilation? c'est leur religion : s'ils eussent été fétichistes, ils seraient depuis longtemps assimilés.

Du commerce et des productions actuelles.

Le commerce de l'Afrique, bien que d'une certaine importance, est malheureusement restreint, car il est limité presque partout à l'échange des produits naturels du pays, des produits venant sans culture et ne coûtant que la peine de les recueillir, comme l'huile et l'amande de palme, la cire d'abeille ou végétale, les gommes et les résines, les peaux, l'ivoire, la poudre d'or et les esclaves. — Une partie du coton qui s'exporte est cultivée grossièrement, il n'y a guère que l'arachilde qui soit réellement cultivée.

Le nègre, avons-nous dit, est essentiellement paresseux; sous ce climat brûlant, ses besoins sont peu nombreux et peu coûteux à satisfaire. Pourvu qu'il ait un champ d'ignames, un carré de maïs ou de millet, une femme pour travailler et faire sa cuisine, un pagne, quelques colliers de verroteries, quelques bracelets de laiton ou d'ivoire, un fusil pour la chasse ou la guerre, une case construite avec des branches d'arbres et de la terre, il a tout ce qu'il lui faut, il est parfaitement heureux. — Il ne désire plus qu'une chose : du tabac et du rhum ; il est vrai que, pour en posséder, il fera tout ce que l'on voudra.

Ce manque de besoins du noir est un obstacle au commerce, il les satisfait trop facilement ; s'il en avait davantage il travaillerait, par conséquent produirait pour arriver à les satisfaire. — La civilisation lui en créera de nouveaux.

La partie de l'Afrique où se fait actuellement le commerce le plus actif est comprise entre le Sénégal et le Niger : c'est le West-Coast des Anglais. — En échange de fusils, poudre, sel, rhum, tabac, cotonnades, coutellerie, barres de fer, tigelles de cuivre, faïence anglaise et menus objets, on obtient du coton, de l'huile ou des amandes de palme, des arachides, de l'ivoire et de la poudre d'or.

Les transactions se font sur le pied de 300 à 400 p. 100 de bénéfice brut ; ainsi, le fusil de traite, qui coûte 4 schellings en Angleterre, se vend à la côte 3 dollars ; le tonneau d'huile de palme, qui vaut à Liverpool environ 40 livres sterling, en coûte 10 d'achat à la côte. Nous avons nous-même fait une opération de soieries à Cape-Coast-Castle, qui a rapporté 300 p. 100 de bénéfice net. L'intérêt usuel et légal est de 10 p. 100 de négociant à négociant.

On conçoit facilement que, dans ces conditions, les factoreries qui exploitent ce pays réalisent d'importants bénéfices, malgré les frais généraux considérables qu'elles ont et qui varient de 50 à 80 000 francs suivant leur importance. — Il leur faut, en effet, plusieurs Européens, qui ne consentent à demeurer sous ce climat meurtrier que moyennant des appointements considérables. — Il leur faut des ouvriers et un certain nombre de Krowmen comme porteurs ; il est vrai que ceux-ci sont peu coûteux, leur solde est de quelques schellings par mois, et leur nourriture, composée de riz et de poisson, coûte peu de chose. — Il faut souvent payer à un roi nègre un droit d'entrée pour les marchandises que l'on reçoit ; dans le Bonny, ce droit est de 5 francs par tonneau ; — il faut donner des daches ou cadeaux aux chefs influents, afin de se ménager leur amitié. Enfin, les factoreries payent généralement un chef noir qui, moyennant une certaine rétribution, garantit leur sécurité, et la nuit fait la police tout autour des bâtiments.

Malgré ces frais de toute nature les bénéfices sont considérables, — si le trafic est un peu actif, — c'est là la grande question. — Les affaires sont limitées à la quantité d'articles d'échange que peut fournir le pays où est établie la factorerie, et comme c'est là nature seule qui se charge de les produire, leur quantité est forcément restreinte.

Aussi, dès qu'un point favorable est découvert, il faut voir comme les traitants s'y précipitent. Souvent on s'y fait une concurrence acharnée, on s'y dispute les marchandises d'échange, et il n'est pas rare de voir une maison traiter à des prix ne laissant qu'un bénéfice insuffisant eu égard aux frais généraux, dans l'espoir de dégoûter ses concurrents, de leur faire abandonner la place, pour ensuite, une fois seule, accaparer tout le commerce et relever ses prix.

Dans le Bonny, l'Oil-River des Anglais, la concurrence était devenue telle il y a une quinzaine d'années, que les chefs de comptoir durent se réunir en Court of Equity et fixer un tarif maximum pour l'achat des huiles de palme ; malgré cela, il ne se passe pas de nuit que quelques pontons ne reçoivent des *puncheons* d'huile achetés au-dessus du tarif.

Avant tout il faut faire des affaires ; à quelque prix qu'on les fasse elles laissent toujours du bénéfice, mais il faut en faire ; car, ainsi que nous l'avons déjà dit, elles sont limitées à la production naturelle du sol. — Il y aurait donc un avantage considérable à développer dans ces pays d'autres produits, qui, résultats de la culture, pourraient s'obtenir à volonté par le travail en quantité illimitée et augmenteraient immédiatement le commerce de cette contrée.

Des productions possibles.

Le sol est très fertile, il est à peu près vierge ; ce n'est pas la chaleur qui lui manque, il est situé dans la zone tropicale ; les pluies y sont périodiques ; il pourrait donner les mêmes produits que les plus riches provinces de l'Inde et rivaliser avec les îles de Ceylan et de Java. Que lui manque-t-il donc pour cela ? — Il lui manque le travail du noir et la présence du blanc.

Les Libériens s'occupent avec succès de la culture du café, ils ont même une variété de caféier qui croît dans les lieux peu élevés et qu'on essaye en ce moment d'acclimater aux Indes, là où le terrain n'est pas suffisamment élevé pour y cultiver les variétés connues jusqu'à présent.

D'ailleurs les massifs montagneux où l'on pourrait cultiver toutes les espèces de café connues ne manquent pas. Il est certain que le cacaoyer y viendrait aussi sans peine. — La canne à sucre n'y est pas cultivée industriellement, mais on la trouve dans les jardins tout le long de la côte, et sans chercher à en retirer du sucre on pourrait, en la distillant après l'avoir fait fermenter, en obtenir du rhum, un des articles les plus recherchés par les noirs. — Le coton y vient naturellement ; il est, il est vrai, d'une qualité très ordinaire, mais sous ce climat, qui lui convient à merveille, les sortes les plus recherchées y pousseraient facilement. — Enfin les nègres cultivent l'indigo pour leur usage personnel. — Il est évident que toutes les productions des tropiques, le tabac, l'opium, les épices pourraient y être aussi obtenues par la culture.

Les immenses forêts de l'intérieur contiennent les bois précieux et l'arbre à caoutchouc qui ne sont pas encore exploités ; et les mines d'or de la chaîne des monts de Kong, qui fournissent les placers de l'Ashantee, nous réservent probablement bien des surprises.

Mais comment se fait-il que personne ne se soit encore avisé de recueillir ces richesses ? se dit-on en voyant ce tableau. — D'abord, ces richesses n'existent encore sur le continent africain qu'à l'état rudimentaire ; il faut pour les développer s'enfoncer dans l'intérieur, car à l'ouest le sol est généralement bas et marécageux au bord de la mer ; c'est même ce qui a accrédité cette erreur que l'intérieur est plus malsain que la côte. — Nous disons que c'est une erreur ; en effet tous les voyageurs ont constaté que partout où le sol est élevé on n'a, en prenant quelques précautions d'hygiène élémentaire, nullement à craindre ces fièvres qui emportent tant d'Européens à la côte, fièvres produites par la stagnation des eaux, qui, sous ce climat brûlant, se trouvant mêlées à des débris organiques de toute nature, se putréfient et engendrent les fièvres pestilentielles. — Puis les bénéfices que donne une factorerie sont immédiats, tandis qu'il faut attendre un certain temps pour qu'une plantation produise : quinze mois pour la canne à sucre ou le coton, trois ans pour le caféier. — Mais cela ne serait encore qu'une considération secondaire s'il n'y avait pas l'état toujours incertain du pays.

Bien que réunies nominalement en royaumes, ces populations sont divisées, morcelées à l'infini, en tribus, en villages indépendants les uns des autres, souvent hostiles entre eux, et partant en guerre sous le plus futile prétexte. — Il est évident que la position d'un planteur se trouvant au milieu de ces troubles ne serait pas agréable et qu'il courrait grand risque de voir ses récoltes détruites, son habitation pillée et brûlée, et lui-même emmené en captivité.

En 1869, deux jeunes Français ne possédant que quelques balles de marchandises, s'enfoncèrent à environ 60 milles dans l'intérieur du

Dahomey, près de la frontière des Ashantees. —L'un d'eux, Reuchsel,
qui avait eu soin, avant de quitter la côte, d'emporter un sac de
graines de coton Géorgie longues soies (l'une des sortes les plus
estimées), s'entendit avec le roi d'un petit État, l'Agotimée, qui,
moyennant quelques dames-jeannes de rhum, lui donna une concession de terrain illimitée sur les bords de la Todshie, et s'engagea à
lui fournir soixante travailleurs par jour.

Au bout d'un mois trois cents acres étaient plantées, le coton
poussait à merveille, Reuchsel chassait, et calculait déjà combien
allait lui rapporter la première récolte. Entre temps il s'était marié
avec une des nièces du roi et était devenu prince.

Lorsqu'un beau matin il apprend que la guerre a éclaté entre les
Ashantees et le peuple où il se trouve. Peu de jours après, son
compagnon, établi à quelques milles de lui, Bonnat, celui qui
demeura cinq ans prisonnier des Ashantees était emmené en captivité après avoir vu tuer sous ses yeux ses deux camarades mulâtres,
et le surlendemain de cet événement le village où se trouvait Reuchsel
était pris et brûlé. — Notre ami put s'échapper au milieu des balles
et abandonnant femme, plantation, espérances de fortune, il se
réfugia à la côte, d'où il put regagner la France.

Voilà à quoi est exposé le simple particulier qui essaye de faire de
l'agriculture en Afrique ; il est livré sans défense aux caprices de ses
noirs voisins, et comme le sol est peu fertile près des côtes, où il
serait relativement en sûreté, il s'ensuit que la colonisation y est
actuellement impraticable, et le sera tant que ce pays ne sera pas
civilisé.

De la civilisation de l'Afrique.

Le gouvernement doit-il donc s'emparer par la force d'un territoire assez vaste pour pouvoir y appeler avec sécurité des colons, et
y laisser des troupes en quantité suffisante pour les protéger ? —
Non ; le gouvernement français a déjà assez de soucis et de charges de
toute nature ; de plus, ce serait un mauvais moyen ; l'Européen
ne saurait sous ce climat brûlant se livrer à la culture, le nègre seul
peut travailler la terre. — D'ailleurs l'armée n'aurait aucune prise
sur les noirs : on ne saurait s'emparer de leurs villes, il n'y en a pas,
brûler leurs villages, cela leur serait bien égal, — un nègre et sa

femme emportent sur leur tête tout leur mobilier, vont à quelques pas plus loin et en un jour reconstruisent leur maison. — C'est par d'autres moyens qu'il faut s'y prendre.

L'Afrique doit être civilisée et colonisée par les Africains guidés et surveillés par nous.

On ne se trouve pas là en présence d'une race appauvrie et sans vigueur destinée à disparaître. La race noire est essentiellement vivace; l'état si voisin de la brute dans lequel elle se trouve a développé chez elle une vitalité excessive, sa force animale est considérable. C'est une observation bien connue que plus on descend l'échelle des êtres organisés, plus on trouve de facilité de reproduction et de ténacité à l'existence.

Le croisement de la race noire avec la blanche donne des résultats splendides, et qui sait s'il ne viendra pas un jour où, pour régénérer notre race qui s'étiole par le développement toujours croissant du cerveau, qui absorbe toute l'énergie vitale aux dépens du corps (pour s'en convaincre on n'a qu'à voir combien de fois depuis le commencement de ce siècle on a été obligé d'abaisser la taille exigée pour nos soldats); qui sait, disons-nous s'il ne viendra pas un jour où nous serons obligés de croiser notre race avec celle du nègre pour lui donner une vitalité animale nouvelle et équilibrer nos forces physiques et intellectuelles. — D'ailleurs ces nègres, transplantés en Amérique, augmentent sans cesse en nombre par les simples naissances, puisqu'on n'en amène plus d'autres; ils se civilisent, ils se croisent, et dans les États du sud de l'Union ils jouent aujourd'hui un rôle considérable.

Mais comment donc s'y prendre, puisqu'on ne saurait les approcher, puisqu'une armée ne saurait les dompter, pour les civiliser?

Stanley n'a pas encore dévoilé les *ways and means* par lesquels il espère civiliser l'Afrique, mais il est peu probable que nous nous rencontrions dans les moyens à employer.

Il prétend opérer dans l'est, où il rencontrera de grandes agglomérations de peuples réunis sous des monarques exerçant un pouvoir absolu, comme Mtésa ou Rumanika; il se heurtera à des obstacles, comme aussi il rencontrera des facilités venant de cette agglomération, qui sont juste l'opposé de ce que nous rencontrerons à l'ouest, où les peuples sont morcelés. — Il sera évidemment obligé de faire de la civilisation internationale, non seulement par la nature de son mandat, mais encore par la constitution du territoire; on ne saurait songer à réduire ces souverains qui commandent à plusieurs millions de sujets. — Il sera obligé de faire de la civilisation désintéressée, de l'art pour l'art, sans profit ni pour lui ni pour ceux qui l'enverront; l'Angleterre seule en retirera tout le bénéfice, car seule elle est outillée pour fournir les objets de première nécessité que consommeront ces populations.

Il se trouvera subordonné aux caprices des souverains noirs qui seuls peuvent lui donner l'autorité pour agir sur leurs sujets; et si nous lisons attentivement *Through the dark Continent*, nous nous apercevons dans les *General remarks* (t. I, p. 404 et suiv.) que Mtésa n'est pas toujours commode, et qu'il a quelque peu baissé dans l'esprit de son enthousiaste admirateur depuis la lettre du 14 avril 1875 où Stanley célébrait ses vertus. — Les progrès de la civilisation, de ce côté-là, seront nécessairement très lents et souvent entravés.

A l'ouest, car c'est évidemment de l'ouest, où nous avons un solide point d'appui, notre colonie du Sénégal et le Niger, et des contrées très peuplées et très fertiles, que nous devons partir, nous pouvons faire de la civilisation et de la colonisation françaises, rapportant des bénéfices considérables à ceux qui entreprendront cette tâche. — Les peuples étant très divisés, loin d'être opprimés par eux, nous les tiendrons facilement dans notre dépendance; rien n'arrêtant nos efforts, nous pouvons civiliser cette contrée avec une rapidité étonnante.

Avant d'entrer dans le détail des *ways and means* à employer, examinons une institution horrible qui tient une place considérable dans les mœurs africaines, et dont la suppression sera notre principal moyen d'action : nous voulons parler de l'esclavage.

De l'esclavage et de sa suppression totale.

Les hommes généreux qui, mus par les plus louables sentiments d'humanité et de philanthropie, sont arrivés à l'abolition de la traite des noirs, ont cru supprimer l'esclavage : ils en avaient simplement supprimé la manifestation extérieure. Il est même probable que, s'ils en eussent pu prévoir les conséquences déplorables, ils auraient hésité avant de prendre une telle détermination.

La suppression de la traite des noirs a amené l'égorgement annuel de dix à quinze mille nègres au minimum.

Lorsque la traite existait, les hommes adultes pris dans les razzias que font de temps en temps les souverains de ces pays étaient attachés et amenés à la côte, où on les vendait aux négriers. Leur sort était fort triste assurément, mais aujourd'hui il est pire. — Comme ils n'ont plus aucune valeur commerciale et qu'il serait dangereux de les garder, on leur coupe la tête, — on ne conserve que les femmes et les enfants.

Auparavant c'étaient les travaux forcés à perpétuité, avec quelque chance d'en réchapper en se rachetant ; aujourd'hui c'est la peine de mort pure et simple. — Ils n'ont pas précisément gagné au change. — C'est là un fait que tous les voyageurs ont constaté, bien que fort peu aient le courage de le dire.

L'esclavage a existé de tout temps en Afrique, comme d'ailleurs chez tous les peuples primitifs, où la force est la loi suprême et où le droit est inconnu. Le noir y est habitué et s'y soumet passivement s'il est le plus faible, mais s'empare sans scrupule de son voisin s'il est le plus fort. — Le sort de l'esclave n'est pas très dur ; son maître a soin de lui et ne le maltraite pas, car il représente une valeur ; on lui confie souvent des marchandises, on le charge de traiter des marchés, et il remplit ses fonctions avec une scrupuleuse exactitude : il sait que sa tête sauterait si sa probité était seulement soupçonnée. La plupart des ministres et des grands dignitaires des souverains africains, leurs officiers et leurs soldats, sont des esclaves. La plus terrible punition qu'un maître puisse infliger à son esclave, c'est de le chasser ; car si personne ne veut le recueillir, ce qui arrive généralement, l'esclave meurt de faim.

On ne saurait se figurer à quel point cette coutume est ancrée dans les mœurs africaines ; pour en juger voici quelques détails que raconte M. Savorgnan de Brazza. — Pendant son voyage d'exploration de l'Ogowé, ne pouvant se procurer des rameurs, il avait été contraint à acheter des esclaves pour remonter le fleuve ; en les achetant, M. de Brazza avait soin de leur dire : — « Tu sais, mon ami, je » t'achète parce que je ne trouve personne pour ramer, mais ne te » considère pas comme mon esclave ; quand tu ne voudras plus me » suivre, tu pourras t'en aller. »

Tous ceux qui le quittèrent revinrent chez leurs anciens maîtres qui, de peur d'être obligés d'en rembourser le prix ou de les rendre, s'empressèrent de les revendre immédiatement un peu plus loin.

Mais le trait le plus caractéristique est celui-ci : M. de Brazza rend la liberté à deux jeunes noirs de 15 à 18 ans et les fait placer sur un radeau avec des provisions, de façon à ce qu'ils puissent atteindre un lieu habité : ils n'étaient pas descendus à vingt mètres de son bateau, que le plus robuste des deux se jetait sur l'autre, le terrassait et l'attachait avec une corde pour aller le vendre plus bas.

Il est évident que l'antiquité de cette institution l'a fait passer complètement dans les mœurs, dans le droit africain ; c'est là un usage que l'on ne saurait détruire par la force pas plus que par la persuasion. — Un seul moyen est praticable pour anéantir complètement l'esclavage et civiliser l'Afrique, c'est le rachat des esclaves. — Oh ! mais pas le rachat à la façon de M. de Brazza, entendons-nous bien.

Nous entendons un rachat méthodique, anglais, philanthropique et productif, qui, tout en produisant son plein effet, rémunère largement ses promoteurs. Il est évident que racheter des esclaves pour les relâcher de suite serait une œuvre éminemment enfantine : on viendrait vous les revendre le lendemain ; ce serait vouloir remplir le tonneau des Danaïdes. — Nous ne prétendons pas davantage, sous le prétexte de les arracher à la mort qui actuellement les attend, acheter des esclaves pour les revendre aux négriers.

Le gouvernement français a eu en 1848 l'honneur d'abolir l'esclavage dans toutes ses colonies, d'après l'initiative de M. Schœlcher aujourd'hui sénateur, et qu'elles qu'en aient été les conséquences aux colonies et surtout en Afrique, on ne peut que les féliciter tous deux, l'un d'en avoir pris l'initiative, l'autre d'avoir décrété l'abolition de ces deux choses immorales et dégradantes : l'esclavage et la traite des noirs.

Mais il est une chose que toutes les nations civilisées admettent, c'est le contrat temporaire. Dans la plupart des villages, on se rend chaque année, à la Saint-Jean ou à la Saint-Martin, à la foire des domestiques, et on les engage pour une année. — Les Anglais ont inventé les coolies pour suppléer au manque de travailleurs résultant de l'abolition de l'esclavage, et nous tenons de témoins oculaires, de marins qui ont fait le triste métier de les transporter de Hong-Kong à Callao, qu'ils ne sont guère mieux traités que ne l'étaient les esclaves.

On les racole un peu partout : dans les tavernes, les maisons de thé, les bateaux de fleurs ; une fois qu'ils sont enivrés, on leur fait plus ou moins signer un engagement sans qu'ils sachent ce qu'ils font, et on les transporte sur le navire où l'on a soin de les arrimer immédiatement. — Le lendemain, si le Chinois crie, des coups de rotin et pas de ration de riz : autant de gagné pour le capitaine, qui revendra plus tard le riz. — Une fois la cargaison terminée, on lève l'ancre lestement, et en mer, si les Chinois se fâchent, il y a une pièce de canon chargée à mitraille à chacune des extrémités du faux-pont où ils sont entassés ; les matelots n'y descendent qu'armés jusqu'aux dents et font feu sur le premier qui bouge.

Ces faits-là se passent tous les jours. — Nous savons qu'il y a des compagnies honorables qui font ce commerce loyalement et ne transportent que des Chinois de bonne volonté ; mais nous savons aussi qu'il y en a d'autres qui, de connivence avec la police chinoise, font la traite du bois jaune, au lieu de celle du bois d'ébène, qui est interdite, transportant malgré eux de pauvres diables qui deviennent ainsi temporairement esclaves.

Ces compagnies traitent avec des capitaines pour leur transport, et donnent : tant pour le voyage, quel que soit le nombre des coolies, une quantité déterminée de riz pour leur ration, et une prime d'une livre sterling par tête de Chinois qui arrive sans être aveugle, car un certain nombre perdent la vue en passant sous les tropiques. — C'est une chose remarquable que, néanmoins, fort peu de coolies arrivent aveugles en Amérique ; généralement ils tombent à la mer, par accident : ça épargne le riz.

Ces choses-là sont autorisées et se passent au grand jour. — Il nous semble que puisque l'on permet à des compagnies n'ayant que le lucre pour seul mobile de passer des contrats, puisque c'est ainsi que cette chose se nomme, on ne saurait refuser à une compagnie qui se proposerait de les civiliser, que le gouvernement pourrait surveiller, pour voir si elle accomplit sérieusement sa mission, de considérer les noirs qu'elle aurait rachetés, par conséquent rendus à la liberté, comme engagés vis-à-vis d'elle pendant un certain nombre d'années, de façon à leur permettre de rembourser par leur travail les sommes que cette compagnie aurait dépensées pour leur rachat. — Il y a d'ailleurs nécessité absolue à ce que cela se passe ainsi, à quelque point de vue que l'on se place :

Au point de vue du noir, car nous avons vu que c'est un enfant ; et comment le civiliser, le former, si on ne l'a sous sa dépendance ?

— Un maître a besoin d'une autorité absolue pour former le caractère et l'intelligence d'un enfant, à plus forte raison faut-il la posséder, cette autorité, si l'on a affaire à des hommes, bien qu'enfants par le développement incomplet de la raison. — Et il faut que cette autorité puisse s'exercer pendant un temps assez long, car, ainsi que nous l'avons déjà dit, on a à combattre des habitudes prises depuis longtemps, devenues héréditaires. — Ainsi les nègres qui ont passé plusieurs années dans les factoreries ou dans les missions, qui ont paru se civiliser, qui ont pris notre langage, quelques-unes de nos habitudes et de nos idées, retombent dans leur barbarie primitive s'ils retournent auprès de leurs compatriotes. Il faut absolument que le contact avec le blanc et sous sa domination soit d'une certaine durée pour qu'il produise un effet appréciable.

Au point de vue de la civilisation de l'Afrique, car nous avons vu qu'il est actuellement impossible au blanc d'habiter l'intérieur, de s'y livrer à la culture. — Et des noirs rachetés, traités avec douceur, que l'on civiliserait peu à peu, ne tarderaient pas à s'attacher à ceux qui les auraient tirés de l'état misérable où ils croupissaient et les défendraient au besoin contre toute attaque ; ils constitueraient bientôt une agglomération capable d'inspirer le respect à tous les roitelets voisins.

Au point de vue français, car par ce moyen nous créons une vraie colonie, c'est-à-dire un débouché aux produits manufacturés de notre pays ; et ces anciens esclaves une fois civilisés, lorsque nous leur aurons inculqué nos mœurs, nos usages, notre langue, que nous les aurons relevés à leurs propres yeux, que nous en aurons fait des hommes, deviendront des Français, et des Français bon teint, malgré la couleur de leur peau. — Une telle entreprise créerait donc, et cela sans que le gouvernement eût à intervenir, une colonie française. — Nous avons vu de quelle utilité elles sont pour un pays.

Enfin, au point de vue de la possibilité matérielle et pécuniaire de la civilisation de l'Afrique.

Allez donc trouver des capitaux pour racheter les esclaves et les relâcher de suite ? Tandis que si vous les gardez un certain temps comme engagés, tout en les civilisant, tout en faisant une bonne action, vous aurez fait une excellente affaire, car ils vous rendront au centuple ce que vous aurez dépensé pour eux. — Un esclave adulte coûte dans l'intérieur de 25 à 50 francs, et l'on sait qu'aux colonies on évaluait autrefois le bénéfice produit par le travail de chacun d'eux à mille francs par an.

Et qu'on ne vienne pas nous dire que cela serait immoral, nous aurions pour complices l'Église et les trente millions de catholiques français. — Qui de nous n'a donné, étant enfant, quelques sous pour le rachat des petits Chinois ? — Ce que l'Église juge honorable, ce qu'elle considère comme une bonne œuvre de faire pour arracher des âmes aux ténèbres de l'ignorance et du paganisme, n'aurions-nous pas le droit de le faire pour soustraire ces malheureuses créatures au despotisme de leurs tyranneaux, pour les arracher à la barbarie et les amener à la civilisation ?

Et si l'on trouve fort peu de petits Chinois à acheter, ce ne sont pas les nègres qui manqueront pour assurer le succès de l'entreprise.

Évidemment c'est là une œuvre très délicate qui ne saurait être confiée à toute sorte de mains ; il ne faut pas exagérer le côté mercantile de l'opération et ne tendre qu'à lui faire rapporter le plus possible, comme aussi il ne faut pas se préoccuper exclusivement du côté philanthropique, car il est juste que les personnes qui l'aideraient par leurs capitaux y trouvent une large rémunération justifiée par les bénéfices considérables qu'on peut obtenir. — Des Français sont seuls capables de la mener à bonne fin, car seuls ils n'ont aucun préjugé sur les différences de race, ils sont profondément imbus de l'égalité de tous les hommes, et leur nature en dehors, affable, leur permet de s'assurer l'affection de ces êtres primitifs. — Enfin ils sont doués, ainsi que nous l'avons expliqué, de la faculté d'absorber en les transformant les êtres les plus sauvages.

Les Indiens qui combattaient à côté de Montcalm et qui furent ses terribles auxiliaires, bien que soumis aux lois anglaises aujourd'hui, parlent notre langue, ont nos usages, nos idées, et si on les interroge sur leur nationalité, répondent : « Nous sommes français du Canada, mais français tout de même. » — Nous croyons donc qu'il serait utile de voir se créer une société française pour civiliser l'Afrique, ouvrir un débouché à notre industrie et donner à notre gouvernement, sans qu'il lui en coûtât rien, une magnifique colonie. — Nous pourrions la nommer : Compagnie française de l'Afrique centrale, et nous allons examiner de quelle façon, dans quelles conditions et où elle pourrait et devrait fonctionner.

Compagnie française de l'Afrique centrale.

Nous disons une compagnie française, pour bien indiquer tout
d'abord le but à atteindre, par ce temps de sociétés internationales
africaines, car elle ouvrira un débouché immense aux produits manufacturés de notre pays, qui, nous ne saurions trop le répéter aux
excellentes personnes qui font partie de ces sociétés, sont frappés
de droits élevés dans les possessions anglaises de l'Afrique. — Nos
excellents voisins n'étant *free traders* que quand il s'agit d'exporter
leurs produits, et ne se gênant jamais, en gens pratiques, pour donner une entorse à leurs théories quand elles gênent leurs intérêts.

Cette compagnie devrait être reconnue officiellement par le gouvernement, qui, tout en lui laissant pour un temps donné la souveraineté la plus complète sur les territoires n'appartenant à aucun
État européen où elle opérerait, les déclarerait lui appartenant
dès que la compagnie y serait installée. — Nos voisins ayant, surtout en Afrique, une tendance déplorable à considérer comme leur
appartenant tout territoire dont la prise de possession n'est pas dû-
ment établie, lors même qu'il s'y trouve des marchands européens.

Cette compagnie aurait naturellement pour but le commerce et
la culture, l'exploitation commerciale et agricole sous toutes leurs
formes, des contrées où elle établirait son action. — On donne le monopole de l'exploitation d'une mine à celui qui la découvre; cette compagnie, qui ferait plus que découvrir une mine, qui la créerait,
devrait avoir, pour un temps, le monopole de l'exploitation des richesses qu'elle aurait fait surgir là où il n'y a que la barbarie
et la nature. — Il serait souverainement injuste que le premier venu
pût venir exploiter à son aise le fruit de ses efforts.

Le privilège de quatre-vingt-dix-neuf ans qu'on accorde aux chemins de fer qui se créent en pleine civilisation devrait donc lui être
accordé. — Et il serait suffisant, à condition toutefois qu'au bout de
ce laps de temps, lorsqu'elle rétrocéderait à la France les territoires
conquis par elle sur la barbarie et transformés en une riche colonie,
on indemnisât cette compagnie des travaux d'utilité publique entre-
pris soit pour établir les communications, soit pour améliorer le
pays. — Absolument comme il est juste de tenir compte à un bon

fermier, à la fin de son bail, des améliorations qu'il a apportées à la terre qu'on lui avait confiée. — Et comme l'Afrique est vaste, on pourrait très bien, à ce moment là, autoriser cette compagnie à reporter plus loin ses efforts pour une égale période de temps et avec le même privilège.

Une telle compagnie, tout en rémunérant largement ses actionnaires, ferait plus en quelques années pour la civilisation et la connaissance du continent africain que toutes les sociétés savantes du monde entier ne le feraient en un siècle. — En effet, elle aurait un intérêt immédiat à connaître non seulement la structure générale de l'Afrique, mais encore ses populations, sa faune, sa flore, ses ressources minérales ; installée au centre du continent, elle pourrait, avec ses énormes revenus, appeler à elle des savants de tout genre pour faire un inventaire en règle des richesses que contient l'Afrique, et elle leur donnerait une escorte et des moyens matériels suffisants pour leur permettre d'accomplir avec sécurité leur mission.

Nous n'aurions plus le spectacle lamentable de nos explorateurs allant risquer leur vie au profit de la science et de l'humanité, et pourvus par nos sociétés de géographie ou le gouvernement de ressources si insuffisantes qu'ils ne peuvent terminer leur mission, comme de Brazza, Soleillet et tant d'autres. — Ce n'est point là un reproche adressé aux sociétés de géographie : elles font tout ce qu'elles peuvent, nous le savons ; mais nées d'hier pour la plupart, n'excitant encore qu'un enthousiasme très platonique, leurs moyens pécuniaires sont forcément restreints.

Pour les statuts de cette compagnie, nous n'aurions qu'à fouiller dans ceux dont Colbert dota la Compagnie des Indes orientales, qui est la première société en commandite à responsabilité et capital limités qui ait été créée ; — c'est là que pour la première fois on voit paraître le mot actions et actionnaires. — Le but qu'il poursuivait alors en fondant cette société est en partie identique à celui que nous avons indiqué en énumérant les raisons qui militent en faveur de l'établissement de cette compagnie.

Il est évident qu'il y a un certain nombre d'articles qui ne sont plus applicables à nos mœurs, à nos idées, à nos usages qui se sont modifiés, mais la tendance générale doit être la même.

Après des avantages de toute nature accordés à la compagnie des Indes orientales, Colbert y ajoute l'insaisissabilité des titres qui, de nos jours, est accordée seulement à la rente française, et une subvention et une garantie de l'État pour le service des intérêts, dont jouissent aujourd'hui les grandes lignes de chemins de fer. — Différents articles assurent aux personnes qui en deviendraient actionnaires des priviléges qui portent bien la marque de leur temps, comme :

Art. VI. « Les officiers qui auront une part de 20000 livres dans
» ladite compagnie seront dispensés de faire la résidence à la-
» quelle ils sont obligés par nos Déclarations et Édits du mois de
» Décembre et Mars derniers aux lieux de leurs Établissements,
» et ne cesseront de jouïr de leurs droits, gages et épices comme
» s'ils étaient présents. »

L'édit, passant aux avantages réservés à la compagnie, dit :

Art. XXVII. « La compagnie pourra naviguer et négocier seule
» à l'exclusion de tous nos autres sujets, depuis le cap de Bonne-
» Espérance jusque dans les mers des Indes et mers orientales,
» même depuis le détroit de Magellan et le Maire, dans toutes les
» mers du Sud pour le tems de cinquante années consécutives,
» à commencer du jour que les premiers vaisseaux sortiront du
» Roïaume, pendant léquel tems il est fait très expresses défen-
» ses à toutes personnes de faire ladite navigation et commerce,
» à peine contre les contrevenants de confiscation des vaisseaux,
» armes, munitions et marchandises applicables à la compagnie. »

Art. XXVIII. « Appartiendra à ladite compagnie, à perpétuité, en
» toute propriété, justice et seigneurie, toutes les Terres, Places
» et Isles qu'elle pourra conquérir sur nos ennemis, ou qu'elle
» pourra occuper, soit qu'elles soient abandonnées, désertes ou oc-
» cupées par des barbares, avec tous droits de seigneurie sur les
» mines, mineries d'or ou d'argent, cuivre et plomb, et tous autres
» minéraux, même le droit d'esclavage ou autres droits utiles qui
» pourraient nous appartenir à cause de la souveraineté. »

Nous sommes moins ambitieux, nous ne demandons pas ces droits à perpétuité, quatre-vingt-dix-neuf ans nous suffisent; quant au droit d'esclavage, nous ne tendons qu'à l'abolir.

Plus loin Art. XXXI : « Aura la compagnie le pouvoir et la fa-
» culté d'établir des juges pour l'exercice de la justice souveraine
« et de la marine, dans toute l'étendue dudit Païs et autres qu'elle
» soumettra à notre obéissance ; et même sur tous les Français
» qui y habiteront, à la charge toutefois que la compagnie Nous

» nommera les personnes qu'elle aura choisies pour l'exercice de
» ladite justice souveraine, etc... »

Mais c'est l'article XXXV : « Pour le commandement des
» armes, la compagnie Nous nommera un Lieutenant général du
» Païs et autres qui seront conquis, lequel sera par Nous pourvu,
» et son serment reçu ; et en cas que sa conduite ne soit pas agréa-
» ble à la compagnie, elle en pourra nommer un autre, qui sera de
» même par Nous pourvu et reçu ; » Et le suivant surtout : Art.
XXXVI. « La compagnie pourra envoïer en notre Nom des am-
» bassadeurs vers les Rois des Indes, et faire Traités avec eux, soit
» de paix ou de trève, même déclarer la guerre, et faire tous autres
» actes qu'elle jugera à propos pour l'avancement du commerce ; »
qui établissent bien nettement la situation libre qu'occupait cette
compagnie : tout au plus tenait-elle à la royauté par un lien de vas-
selage ; elle pouvait faire ce qu'elle voulait pourvu que ce fût au
nom du Roi, et c'est Louis XIV, le roi absolu par excellence qui lui
fit de telles concessions. — Il semble qu'il ait tout épuisé en faveur
de la bienheureuse compagnie, point du tout : par l'article XLV il
lui assure un prêt de sa main du cinquième de son futur capital,
qui devra être de 15 millions ; il lui prête 3 millions de livres :
« Laquelle somme nous voulons bien prêter à la compagnie, sans
» aucun intérêt, ni même sans vouloir y prendre part ; mais seule-
» ment nous nous contentons que la compagnie s'oblige de nous
» rendre ladite somme sans intérêt à la fin des dix premières années
» à compter du jour que le premier fond capital de ladite compagnie
» aura été achevé ; et au cas qu'à la fin desdites dix années, il se
» trouvât par le compte général qui sera fait alors, que ladite
» compagnie eût perdu son capital, Nous voulons que toute la
» perte retombe sur la somme que nous aurons fait avancer à la
» compagnie, etc... »

Plus loin, l'article XLVI assurait à la compagnie une gratification
ou drawback de 50 livres tournois par tonneau pour les navires
qui s'équiperaient dans un port français et en partiraient pour aller
aux Indes, et une prime de 57 livres par tonneau pour les marchandises qu'ils en rapporteraient.

Rappelons que, malgré les concussions et le gaspillage, bien
qu'il fallût alors un an aux vaisseaux pour faire le voyage des Indes
aller et retour, quoique la compagnie limitât surtout ses affaires
aux étoffes fabriquées, ce qui suscita les plaintes des fabricants

français et fit plus d'une fois restreindre ses privilèges, et malgré les guerres continuelles qui entravaient ses opérations commerciales, elle trouva encore le moyen, pendant tout le temps de son existence, de servir à ses actionnaires un intérêt de 10 p. 100 de leur argent, et qu'elle était arrivée à nous donner la moitié des Indes lorsque Louis XV l'abandonna à l'ambition anglaise.

Voilà évidemment les bases sur lesquelles devrait être établie cette compagnie, sauf peut-être la question de subvention. — Nous avouons que nous préférerions voir une telle œuvre dans les mains de particuliers de marchands, complètement libres ; car qui dit subvention dit forcément sujétion, et pour arriver à civiliser une contrée pareille, pour pétrir le nègre et en faire un homme, pour tout créer là où rien n'existe — ce qui est presque œuvre de Créateur — il faut évidemment ne pas être gêné ; il y a assez des obstacles naturels inhérents à l'entreprise.

D'ailleurs, le gouvernement est déjà assez occupé par les affaires européennes et les grands travaux qu'il va entreprendre sur notre sol, sans aller lui créer de nouveaux soucis, de nouvelles charges qu'il n'accepterait évidemment pas. — Il donnera tous les droits de souveraineté, tous les privilèges, tous les monopoles qu'on lui demandera sur des pays qui ne lui appartiennent pas, d'autant plus qu'il aura la perspective de les trouver, au bout de quatre-vingt-dix-neuf ans, transformés pour son compte en riches colonies. — Mais il est douteux qu'il consente à aider matériellement cette entreprise.

D'après ce que nous avons dit en commençant, les personnes qui ont bien voulu lire ce que nous avons écrit au sujet du Transsaharien, n'hésiteront pas sur le choix de l'emplacement que devrait occuper au début la Compagnie française de l'Afrique centrale. — Notre colonie du Sénégal constitue une excellente base d'opérations et un solide point d'appui, en même temps merveilleusement approprié pour son fonctionnement.

Par le Sénégal, qui s'enfonce presque en droite ligne dans le continent, nous avons une voie économique qui nous permet d'arriver rapidement et avec sécurité dans l'intérieur jusqu'à Médine, où nous pourrions établir le centre de nos opérations. De ce point on pourrait facilement transporter par terre un bateau à vapeur en pièces, démonté, comme les canonnières destinées à naviguer dans les arroyos de la Cochinchine, jusqu'au Niger. — Et les sou-

verains noirs sur les territoires desquels nous aurions à passer
étant très sympathiques aux Français, il serait aisé de conclure
avec eux des traités pour obtenir la libre circulation sur la route
que nous créerions plus tard, et des concessions de terrain pour
pouvoir établir, de distance en distance, des établissements destinés
à servir de relais pour les transports, de plantations pour utiliser
le travail des noirs rachetés, et enfin de forts pour assurer la
sécurité de la Compagnie. Cela ne souffrirait aucune difficulté,
ce serait une simple question de présents de peu d'importance.

Une fois installée sur le bord du Niger et ses bateaux lancés sur
le fleuve, la Compagnie aurait devant elle un espace de 2000 kilomètres de fleuve, navigable près de trois fois la distance qui sépare
Paris de Marseille, où elle pourrait trafiquer à son aise. —Maîtresse
absolue de cet immense marché et sans concurrents, elle obtien-
drait, facilement et pour bien peu de chose, un millier d'esclaves.

Qui l'empêcherait, après avoir mélangé les provenances pour leur
ôter toute cohésion, de distribuer ses engagés, puisque c'est ainsi
qu'elle les considérerait, par groupes de vingt-cinq ou trente, tous
les 20 kilomètres de la route de Médine à Yamina, sous la direction
d'anciens sous-officiers chargés de leur inculquer d'abord une di-
scipline salutaire puis de les faire travailler à l'établissement de la
route? — Au besoin, d'ailleurs, les naturels du pays se mettraient à
la besogne moyennant un modique salaire, et en quelques mois on
pourrait construire une bonne route dont le coût ne dépasserait pas
quelque cent mille francs. — Il ne resterait plus qu'à se procurer les
attelages nécessaires au transit, et l'on aurait créé, pour une somme
certainement inférieure à un million, un moyen de communication
sûr et commode avec le centre Afrique.

On voit que point n'est besoin, pour atteindre ce but, de remuer
ciel et terre pendant plusieurs années, et d'y employer des centaines
de millions comme pour le Transsaharien, centaines de millions
qui ne sauraient trouver un emploi rémunérateur actuellement en
Afrique, où, comme nous l'avons déjà expliqué, le commerce est
limité aux produits venant tout seuls sans culture et au trafic des
esclaves.

Les résultats de cette exploitation seraient considérables : la Compagnie française de l'Afrique centrale pourrait sur le Niger vendre
ses marchandises avec un bénéfice de 15 à 20 pour 1, ce qui lui

permettrait déjà, malgré les frais d'exploitation, de distribuer à ses actionnaires des dividendes colossaux.

Mais que serait-ce donc, si cette compagnie, utilisant les noirs distribués dans les relais établis sur la route, leur faisait, sous la direction des gens experts en ces cultures, établir des plantations de coton, de riz, de blé, de tabac, de café, de cannes à sucre, d'indigo, de cacao et d'aromates ? — Les résultats pécuniaires deviendraient alors fantastiques ; n'avons-nous pas dit, en effet, qu'autrefois aux colonies on évaluait le produit net du travail d'un nègre dans une plantation à 1000 francs par an ? La Compagnie, en les traitant humainement, en les civilisant, en les instruisant, ne leur fît-elle produire que 500 francs par an, il est facile de calculer le bénéfice qu'elle en retirerait en dix ans, alors qu'elle aurait dépensé 25 ou 50 francs à les racheter.

Et le nombre de ces engagés ne cesserait de s'accroître, car les esclaves sont la principale monnaie qui sert à régler les transactions commerciales dans l'intérieur, et la demande considérable qu'en faisaient autrefois les négriers qui venaient charger le long des côtes de Guinée a probablement développé dans cette partie les tendances naturelles de l'Africain à se livrer à cet odieux trafic.

Mais cette compagnie ne les détiendrait pas éternellement comme engagés : au bout d'un temps déterminé, mettons dix ans, elle les affranchirait, et ces affranchis, devenus des gens civilisés, ayant pris le goût, la connaissance et l'habitude du travail, pourraient sous l'autorité tutélaire de la Compagnie être constitués en villages tout le long de la route, dont ils contribueraient ainsi à augmenter la sécurité.

Grâce à son monopole, lui réservant la souveraineté de cette contrée, la Compagnie trouverait en eux des défenseurs, des producteurs et des consommateurs qui augmenteraient encore l'importance de ses transactions commerciales, et elle pourrait bien alors songer à établir une voie ferrée traversant cette région.

L'établissement d'une telle compagnie ne serait pas d'ailleurs sans précédents : combien ne s'en est-il pas créé dans l'Amérique du Nord pour le commerce des fourrures ? Qu'il nous suffise de citer la plus célèbre, la Compagnie de la baie d'Hudson.

Nous avons dit que le noir était un enfant, il ne se souviendra pas plus de la manière dont nous nous y serons pris pour l'arracher à la barbarie et des mesures énergiques que nous aurons employées pour assouplir sa nature, que l'enfant ne se souvient de l'autorité qu'ont eue sur lui ses professeurs, et des punitions qu'ils lui ont infligées pour former son caractère et développer son intelligence.

Son esprit, frappé par les merveilles et les bienfaits de la civilisation, oubliera son ancienne barbarie comme un mauvais rêve; nous aurons créé un homme nouveau, un Français. Ne sera-ce pas là un résultat merveilleux? — Ce sera là du moins la justification des mesures que nous aurons prises pour nous emparer de lui, et qui sans cela seraient inavouables; — et quant à la longue durée de sa situation d'engagé, et plus tard de son état d'affranchi encore en tutelle, elle est expliquée et justifiée par la connaissance de sa nature intime. — On ne redresse pas en un jour un arbre qui a été tordu pendant des siècles, il faut pour cela une longue pression.

Les nègres qu'a rendus libres la guerre de la sécession d'Amérique, ceux du moins qui travaillaient dans les plantations du Sud, ont abandonné le travail. —C'est un spectacle lamentable que de voir ces immenses propriétés, qui autrefois produisaient de magnifiques récoltes, complètement en friche, et de trouver de distance en distance la misérable hutte d'un nègre qui se contente de gratter un petit carré de terre pour y faire pousser quelques oignons et quelques patates. — Les Libériens, ces noirs que l'Amérique, après les avoir émancipés, a transportés sur les côtes de Guinée, où ils ont formé une colonie, sont restés stationnaires; ils ont évidemment une forte teinte de civilisation, mais ils ne parviendront jamais à un état bien élevé.

Pour que le nègre s'améliore, se civilise complètement, il faut d'abord redresser sa nature, développer son intelligence, puis le surveiller attentivement pendant longtemps encore, de peur que l'atavisme ne reprenne le dessus sur cette nouvelle nature que vous lui avez créée.

Mais, nous dira-t-on peut-être, une moitié de l'Afrique va vous vendre l'autre. — C'est bien là-dessus que nous comptons pour accélérer la rapidité avec laquelle nous voulons civiliser ce pays et le transformer, car pour changer une simple plante agreste, il faut d'abord la posséder pour pouvoir l'améliorer par une culture intelligente; à plus forte raison faut-il le posséder, si c'est un homme qu'il s'agit de transformer; ne nous plaignons donc pas de trouver autant de sujets à civiliser.

Les avantages qu'offre notre projet sont palpables, nous obtenons la civilisation complète d'un nombre considérable de noirs; grâce à des mesures de sage tutelle, nous assurons la durée de notre œuvre, nous transformons des brutes en hommes, en producteurs et en consommateurs; nous ouvrons un vaste débouché aux produits de notre pays, tout en assurant une large rémunération aux capitaux employés dans cette entreprise, et plus tard nous cédons à notre pays une riche colonie.

Bah! l'Afrique se civilisera bien toute seule, diront les indifférents et les gens qui ne la connaissent pas. — Si elle avait pu se civiliser toute seule, elle le serait aujourd'hui, car il est certain qu'elle a été habitée de tout temps et bien avant l'Europe, et il est même probable, si l'on considère le peu de développement du cerveau du nègre, que c'est là une des races primitives du globe; — le contact du blanc est donc nécessaire pour y amener la civilisation.

Il y a là une grande œuvre à accomplir, et le pays qui déchirera le voile de barbarie qui a si longtemps enveloppé cette malheureuse contrée en sera largement récompensé, car il y trouvera des peuples innombrables faciles à transformer, et une nature d'une richesse inouïe, pareille à celle dont jouissait notre pays il y a quelques milliers d'années, alors que les palmiers et les fougères arborescentes croissaient dans le centre de la France. — On ne saurait calculer encore le rôle que jouera en Europe, au profit de la nation qui accomplira cette œuvre, une Afrique civilisée; mais il y a tout lieu de croire qu'elle lui assurera une prépondérance considérable sur toutes les autres.

Déjà toutes les nations de l'Europe s'inquiètent de ce continent qui semble un défi jeté par la nature au génie de l'homme, le sombre sphynx a été forcé de livrer quelques-uns de ses secrets. — Quelle part notre pays doit-il avoir dans cet avènement d'un nouveau monde? — Évidemment la plus grande, si l'on considère le génie de notre nation. — Le peuple qui a contribué à l'affranchissement des États-Unis ne saurait demeurer inactif en face de cette grande tâche : affranchir le noir de la barbarie et le rendre à la civilisation.

La première République a, au milieu d'une tourmente épouvantable, émancipé l'Europe; la troisième peut, grâce au progrès, émanciper pacifiquement toute une race déshéritée : c'est là une grande œuvre qui lui donnera un lustre impérissable.

Mais ce n'est pas à son gouvernement que nous nous adressons pour l'accomplissement de cette entreprise, c'est aux particuliers, — car c'est là une des merveilles de notre siècle, que de voir que l'initiative privée accomplit aujourd'hui les œuvres les plus considérables et où échoueraient tous les gouvernements. — Quel est l'État qui eût réussi à percer l'isthme de Suez ?

Allons, Messieurs de la Société de Géographie commerciale, dont nous ne faisons pas partie (ceci pour bien définir nos intentions), voici une entreprise considérable d'où il y a gloire et profit à retirer; les grands noms, la science, l'autorité et la haute position de vos membres, vous désignent pour étudier, discuter et mettre en pratique ce projet. — Hâtez-vous, de peur que quelque autre Société, point du tout géographique, mais réellement commerciale, ne s'en empare, et n'en tire tout le profit, sans les merveilleuses conséquences que vous seuls êtes à même d'en tirer.

J.-T. COFFIN.

PARIS. — IMPRIMERIE ÉMILE MARTINET, RUE MIGNON, 2.